Impressum
Verlag: BABADADA GmbH, Nedderfeld 112 , 22529 Hamburg
Geschäftsführer / Verlagsleitung: Harald Hof
Druck: Books on Demand GmbH, In de Tarpen 42, 22848 Norderstedt

Imprint
Publisher: BABADADA GmbH, Nedderfeld 112 , 22529 Hamburg, Germany
Managing Director / Publishing direction: Harald Hof
Print: Books on Demand GmbH, In de Tarpen 42, 22848 Norderstedt

klaslokaal
sală de clasă

delen
a împărți

186/2

bord
tablă

speelplaats
curte a școlii

leerkracht
profesor

papier
hârtie

schrijven
a scrie

pen
instrument de scris

banc au
masă de birou

liniaal
riglă

boek
carte

leerling
elev

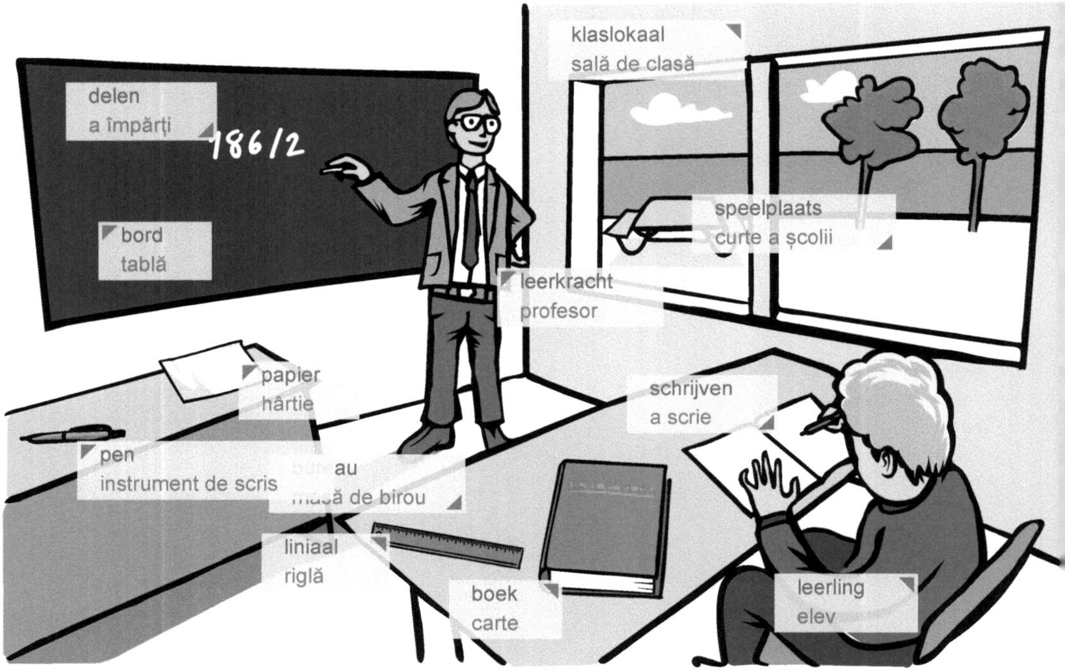

schooltas

ghiozdan

pennenzak

penar

potlood

creion

puntenslijper

ascuțitoare

gom

radieră

tekenblok

bloc de desen

tekening

desen

verfborstel

pensulă

verfdoos

cutie de acuarele

schaar

foarfece

lijm

lipici

werkboek

caiet de exerciţii

huiswerk

temă

nummer

număr

2+2

optellen

a aduna

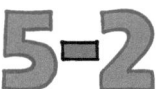

aftrekken

a scădea

vermenigvuldigen

a multiplica

rekenen

a calcula

letter

literă

alfabet

alfabet

woord

cuvânt

tekst

text

Lezen

a citi

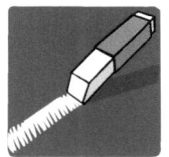

krijt

cretă

les

oră

klassenboek

catalog

examen

examen

certificaat

certificat

schooluniform

uniformă școlară

onderwijs

educație

encyclopedie

enciclopedie

universiteit

universitate

microscoop

microscop

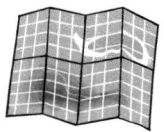

kaart

hartă

papiermand

coș de gunoi

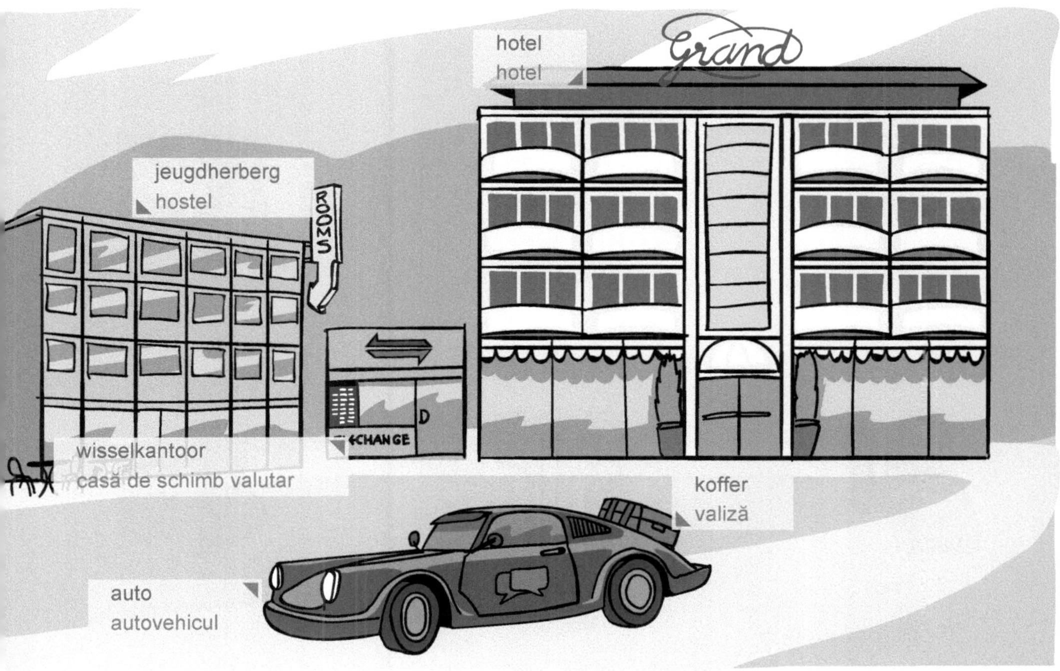

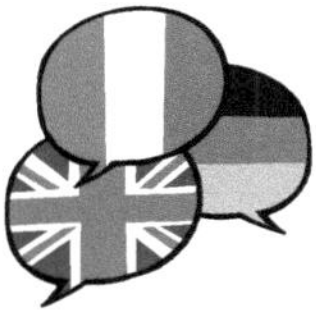

hotel
hotel

jeugdherberg
hostel

wisselkantoor
casă de schimb valutar

koffer
valiză

auto
autovehicul

Taal

limbă

ja / nee

da/nu

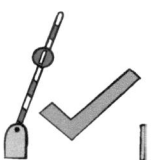

oké

okay

hallo

Bună!

vertaler

interpret

bedankt

mulțumesc

Hoeveel kost ...?

Cât costă...?

Ik begrijp het niet

Nu înțeleg

probleem

problemă

Goedenavond!

Bună seara!

Goedemorgen!

Bună dimineața!

Goedenavond!

Noapte bună!

Tot ziens

la revedere

richting

direcție

bagage

bagaj

zak

geantă

rugzak

rucsac

gast

oaspete

kamer

cameră

slaapzak

sac de dormit

tent

cort

toeristeninformatie

punct de informare turistică

strand

plajă

kredietkaart

carte de credit

ontbijt

mic dejun

lunch

masa de prânz

avondeten

cină

ticket

bilet de călătorie

lift

lift

postzegel

timbru poștal

grens

graniță

douane

vamă

ambassade

ambasadă

visum

viză

paspoort

pașaport

reis - călătorie

transport
transport

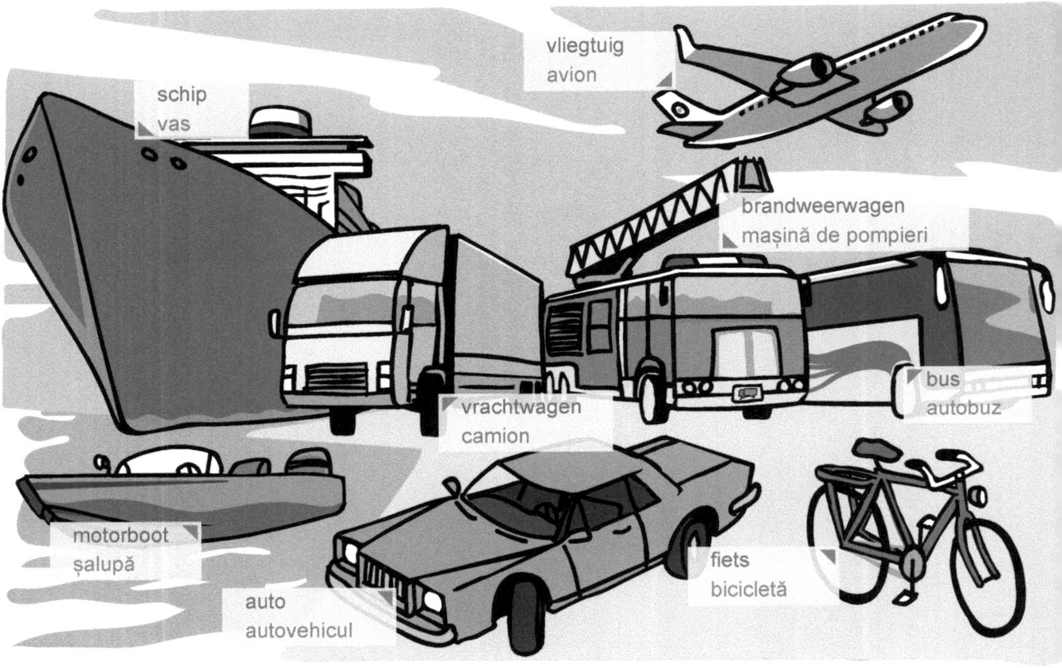
vliegtuig
avion
schip
vas
brandweerwagen
mașină de pompieri
bus
autobuz
vrachtwagen
camion
motorboot
șalupă
fiets
bicicletă
auto
autovehicul

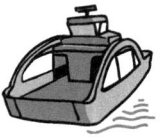

veerboot

feribot

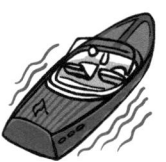

boot

barcă

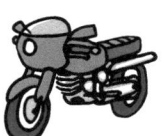

motor

motocicletă

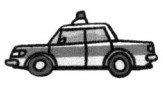

politiewagen

mașină de poliție

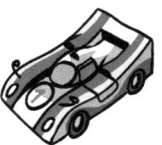

racewagen

mașină de curse

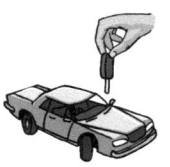

huurauto

mașină închiriată

carpoolen

car sharing

sleepwagen

mașină de tractat

vuilniswagen

mașină de gunoi

motor

motor

benzine

combustibil

benzinestation

benzinărie

verkeersbord

semn de circulație

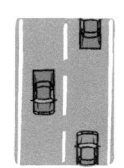

verkeer

trafic

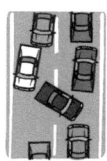

file

ambuteiaj

parkeerplaats

parcare

station

gară

sporen

șine

trein

tren

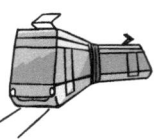

tram

tramvai

wagon

vagon

helikopter

elicopter

luchthaven

aeroport

toren

turn

passagier

pasager

container

container

karton

carton

kar

căruță

mand

coș

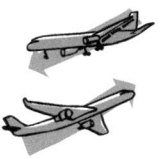

opstijgen / landen

a decola/a ateriza

stad

oraș

dorp

sat

stadscentrum

centru

huis

casă

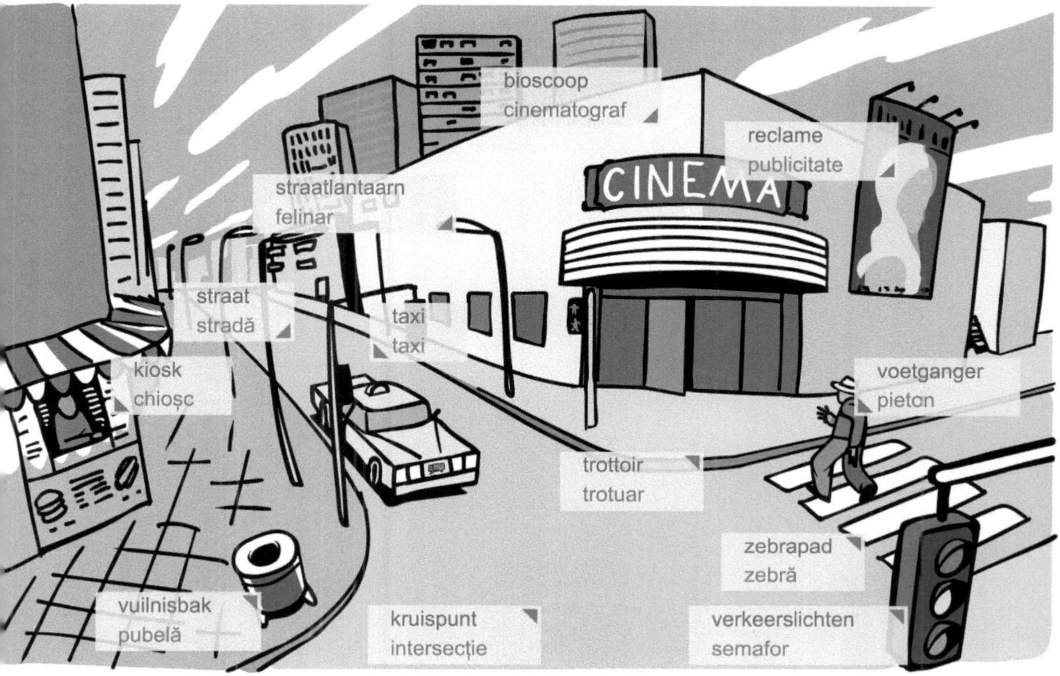

bioscoop
cinematograf

reclame
publicitate

straatlantaarn
felinar

straat
stradă

taxi
taxi

kiosk
chioşc

voetganger
pieton

trottoir
trotuar

zebrapad
zebră

vuilnisbak
pubelă

kruispunt
intersecţie

verkeerslichten
semafor

CINEMA

hut
cabană

woning
apartament

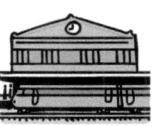

station
gară

stadshuis
primărie

museum
muzeu

school
şcoală

stad - oraş

11

universiteit

universitate

bank

bancă

ziekenhuis

spital

hotel

hotel

apotheek

farmacie

kantoor

birou

boekwinkel

librărie

winkel

magazin

bloemenwinkel

florărie

supermarkt

supermarket

markt

piață

warenhuis

magazin universal

vishandelaar

comerciant de pește

winkelcentrum

centru comercial

haven

port

park
parc

bank
bancă

brug
pod

trap
trepte

metro
metrou

tunnel
tunel

bushalte
staţie de autobuz

bar
bar

restaurant
restaurant

brievenbus
cutie poştală

straatnaambord
tăbliţă indicatoare cu
numele străzii

parkeermeter
parcometru

zoo
grădină zoologică

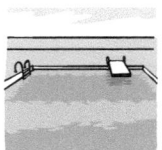

zwembad
piscină

moskee
moschee

boerderij

gospodărie țărănească

milieuverontreiniging

poluare

kerkhof

cimitir

kerk

biserică

speelplaats

loc de joacă

tempel

templu

landschap

peisaj

blad
frunză

wegwijzer
indicator

weg
drum

weide
pajiște

steen
piatră

boom
copac

wandelaar
drumeț

rivier
râu

gras
iarbă

bloem
floare

vallei
vale

heuvel
deal

meer
lac

bos
pădure

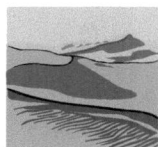

woestijn
deșert

vulkaan
vulcan

kasteel
castel

regenboog
curcubeu

paddenstoel
ciupercă

palmboom
palmier

mug
țânțar

vlieg
muscă

mier
furnică

bijl
albină

spin
păianjen

landschap - peisaj

kever

gândac

kikker

broască

eekhoorn

veveriță

egel

arici

haas

iepure

uil

bufniță

vogel

pasăre

zwaan

lebădă

wild zwijn

porc mistreț

hert

cerb

eland

elan

dam

dig

windturbine

turbină eoliană

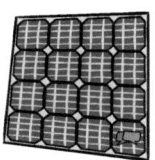

zonnepaneel

panou solar

klimaat

climă

restaurant
restaurant

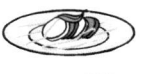

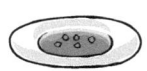

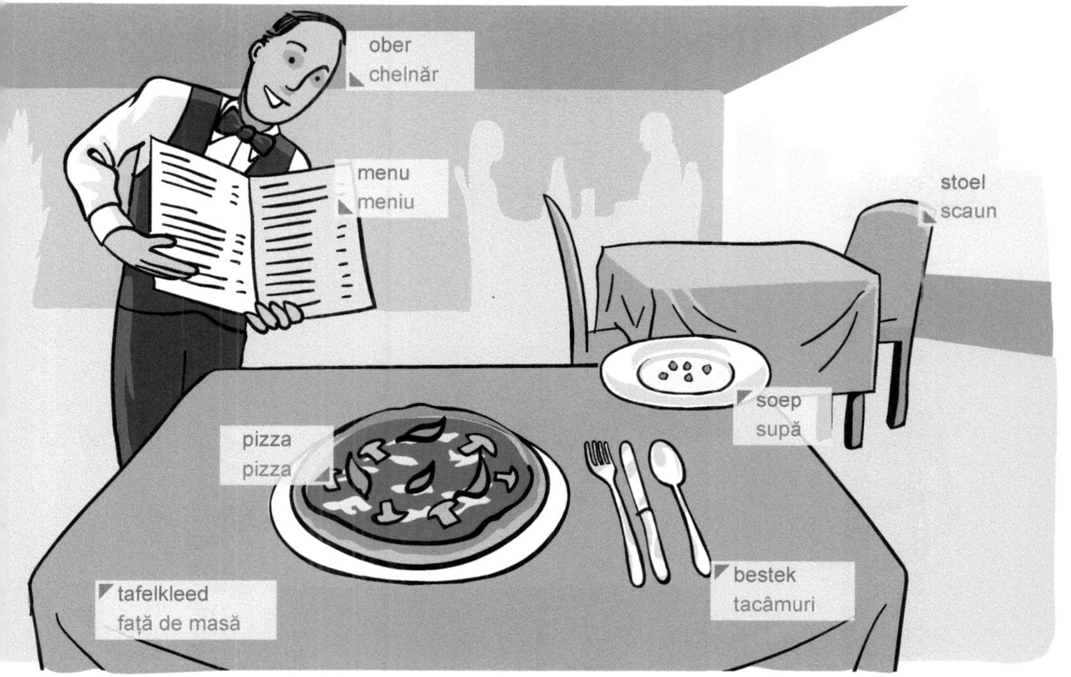

ober
chelnăr
menu
meniu
stoel
scaun
soep
supă
pizza
pizza
bestek
tacâmuri
tafelkleed
față de masă

voorgerecht

antreu

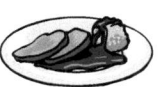

hoofdgerecht

fel principal

nagerecht

desert

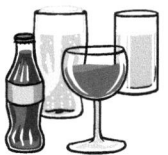

drankjes

băuturi

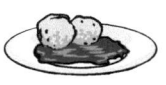

eten

mâncare

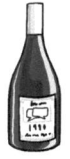

fles

sticlă

fastfood

fastfood

street food

streetfood

theepot

ceainic

suikerpot

zaharniță

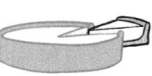

portie

porție

espressomachine

espressor

kinderstoel

scaun înalt (pentru copii)

rekening

factură

dienblad

tavă

mes

cuțit

vork

furculiță

lepel

lingură

theelepel

linguriță

serviette

șervețel

glas

pahar

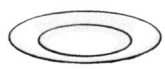

bord

farfurie

soepbord

farfurie de supă

schoteltje

farfurie

saus

sos

zoutvatje

solniță

pepermolen

râșniță de piper

azijn

oțet

olie

ulei

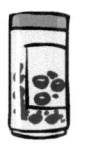

kruiden

condimente

ketchup

ketchup

mosterd

muștar

mayonaise

maioneză

supermarkt

supermarket

aanbieding
ofertă
FOR
klant
client
zuivelproducten
produse lactate
fruit
fructe
winkelwagen
cărucior de cumpărături

BUTCHERS

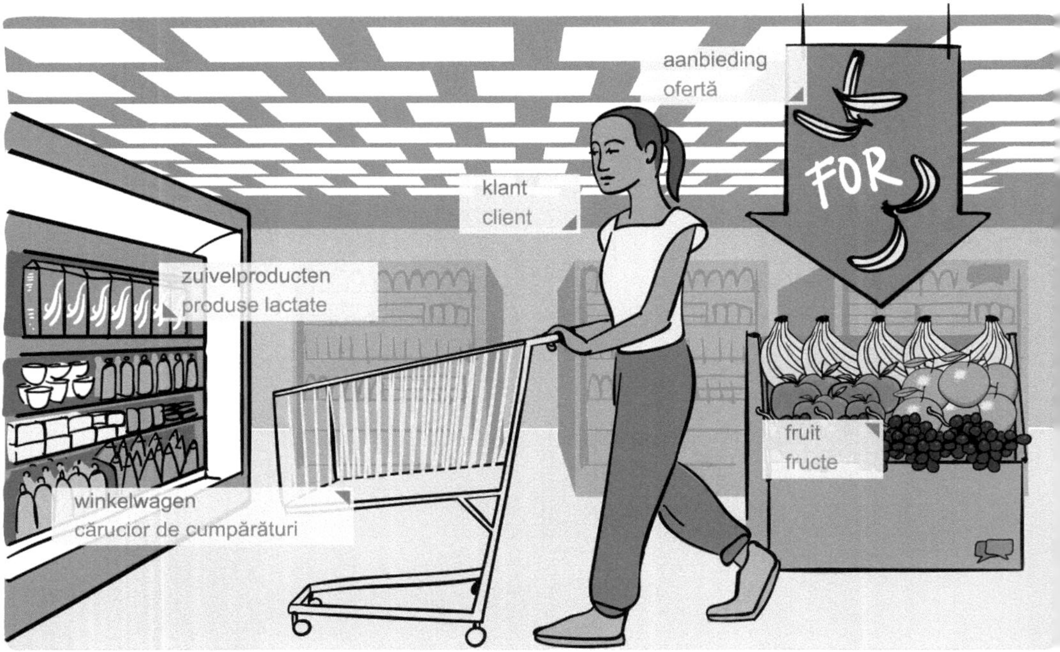

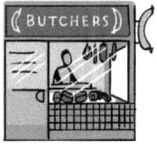

slagerij

măcelărie

BAKERY

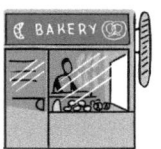

bakkerij

brutărie

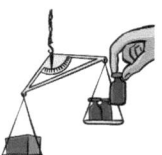

wegen

a cântări

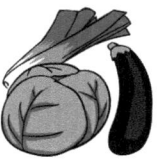

groenten

legume

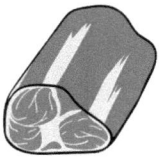

vlees

carne

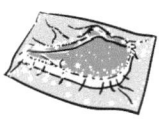

diepvriesvoedsel

alimente refrigerate

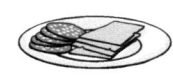

charcuterie

mezeluri și brânzeturi feliate

conserven

conserve

waspoeder

detergent

snoep

dulciuri

huishoudproducten

articole de menaj

schoonmaakproducten

produse de curățenie

verkoopster

vânzătoare

kassa

casă

kassier

casier

boodschappenlijstje

listă de cumpărături

openingstijden

orar

portefeuille

portmoneu

kredietkaart

carte de credit

tas

geantă

plastieken zakje

pungă de plastic

water

apă

sap

suc

melk

lapte

cola

cola

wijn

vin

bier

bere

alcohol

alcool

cacao

cacao

thee

ceai

koffie

cafea

espresso

espresso

cappuccino

cappucino

banaan

banane

appel

măr

sinaasappel

portocală

meloen

pepene

citroen

lămâie

wortel

morcov

knoflook

usturoi

bamboe

bambus

ajuin

ceapă

champignon

ciupercă

noten

nuci

noodles

paste făinoase

spaghetti

spagheti

rijst

orez

salade

salată

frieten

cartofi prăjiți

gebakken aardappelen

cartofi țărănești

pizza

pizza

hamburger

hamburger

sandwich

sandwich

kalfslapje

șnițel

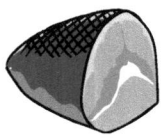

ham

șuncă

salami

salam

worst

cârnați

kip

pui

braden

friptură

vis

pește

havervlokken

fulgi de ovăz

muesli

musli

cornflakes

cereale

bloem

făină

croissant

corn

pistolet

chifle

brood

pâine

toast

pâine prăjită

koekjes

biscuiți

boter

unt

kwark

brânză de vaci

taart

prăjitură

ei

ou

spiegelei

ouă ochiuri

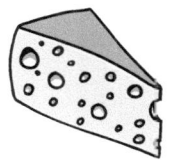

kaas

brânză

ijs

îngheţată

suiker

zahăr

honing

miere

confituur

marmeladă

choco

cremă nuga

curry

curry

eten - mâncare

boerderij
gospodărie ţărănească

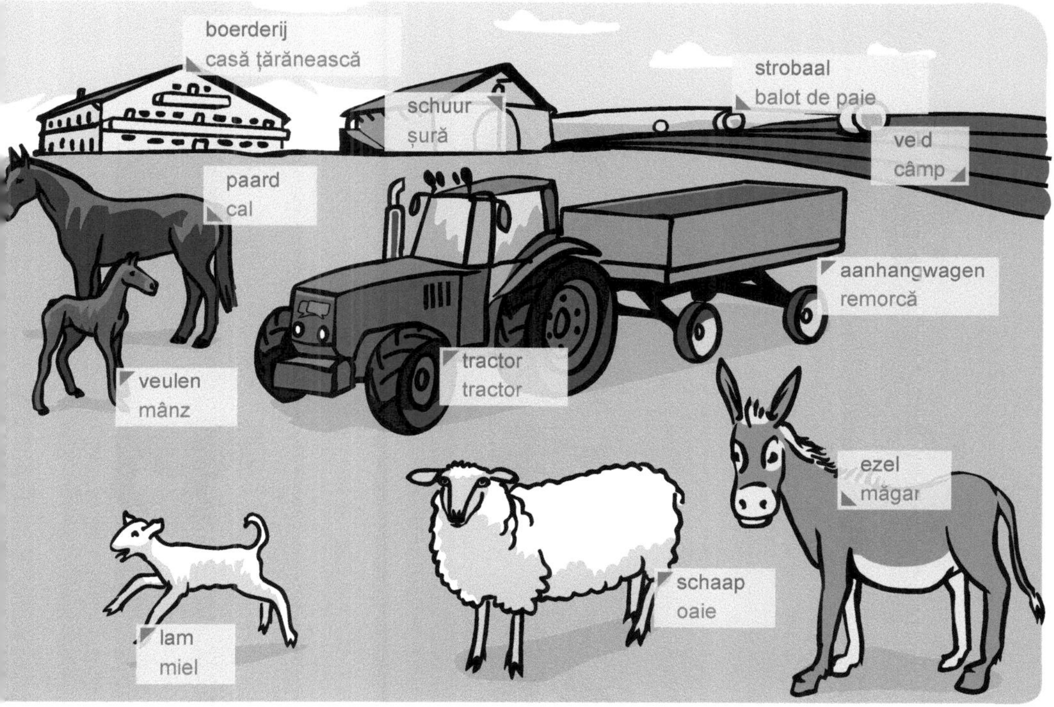
boerderij
casă ţărănească
schuur
şură
strobaal
balot de paie
ve d
câmp
paard
cal
aanhangwagen
remorcă
tractor
tractor
veulen
mânz
ezel
măgar
schaap
oaie
lam
miel

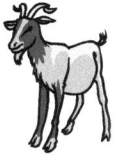

geit

capră

koe

vacă

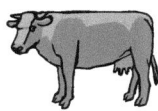

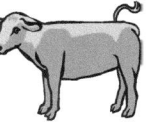

kalf

viţel

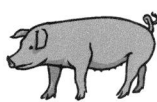

varken

porc

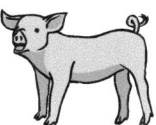

biggetje

purcel

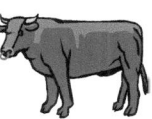

stier

taur

gans
gaină

eend
rață

kuiken
pui

kip
găină

haan
cocoș

rat
șobolan

kat
pisică

muis
șoarece

os
bou

hond
câine

hondenhok
cușcă

tuinslang
furtun de grădină

gieter
stropitoare

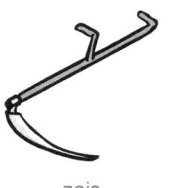

zeis
coasă

ploeg
plug

sikkel

seceră

schoffel

sapă

hooivork

furcă

bijl

secure

kruiwagen

roabă

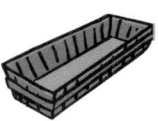

trog

troacă

melkkan

cană pentru lapte

zak

sac

hek

gard

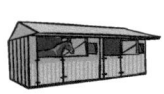

stal

grajd

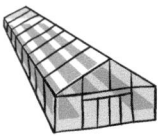

broeikas

seră

bodem

sol

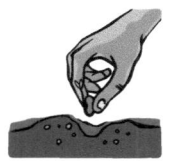

zaad

sămânţă

mest

fertilizator

maaidorser

combină de treierat

oogsten
a culege

oogst
recoltă

yam
cartof yam

tarwe
grâu

soja
soia

aardappel
cartof

maïs
porumb

koolzaad
rapiță

fruitboom
pom fructifer

maniok
manioc

graan
cereale

huis
casă

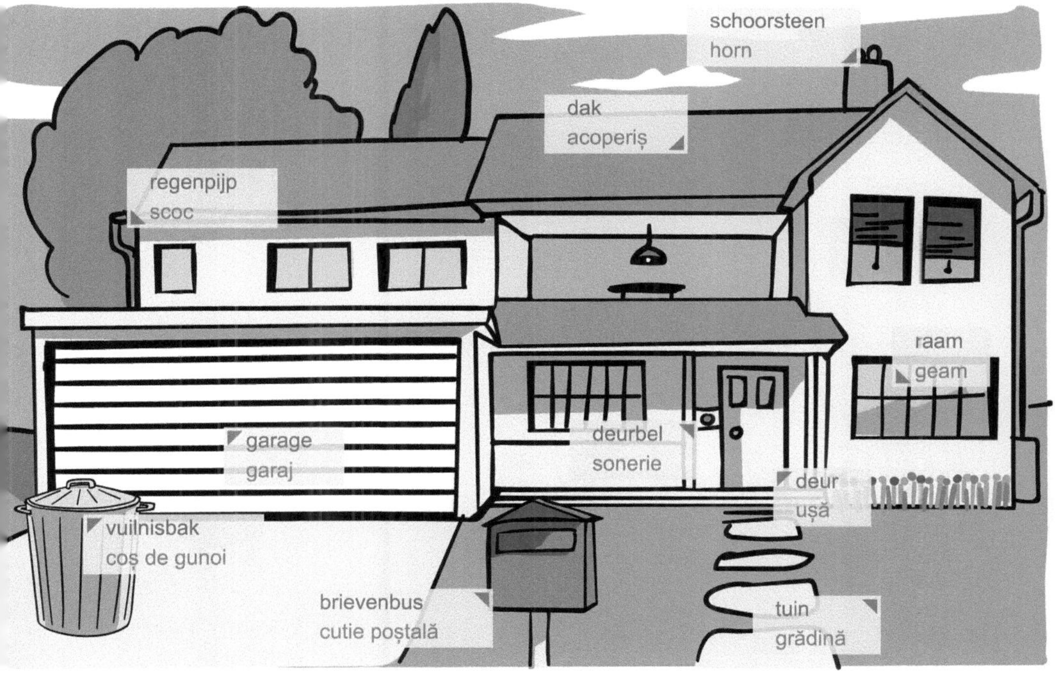
schoorsteen
horn
dak
acoperiș
regenpijp
scoc
raam
geam
garage
garaj
deurbel
sonerie
deur
ușă
vuilnisbak
coș de gunoi
brievenbus
cutie poștală
tuin
grădină

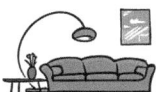

woonkamer

camerã de zi

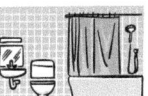

badkamer

baie

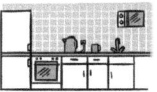

keuken

bucătărie

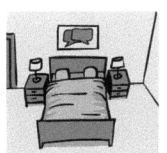

slaapkamer

dormitor

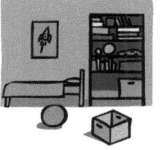

kinderkamer

camera copiilor

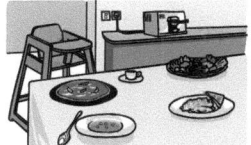

eetkamer

sufragerie

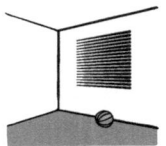

vloer

podea

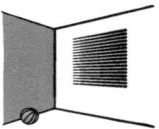

muur

perete

plafond

tavan

kelder

pivniță

sauna

saună

balkon

balcon

terras

terasă

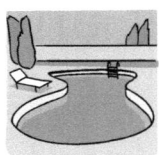

zwembad

piscină

grasmaaier

mașină de tuns iarba

dekbedovertrek

cearșaf

dekbed

cuvertură

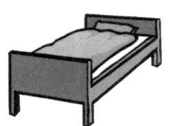

bed

pat

bezem

mătură

emmer

găleată

schakelaar

întrerupător

woonkamer
cameră de zi

behangpapier
tapet
foto
pictură
lamp
lampă
schap
raft
kast
dulap
televisie
televizor
open haard
șemineu
bloem
floare
kussen
pernă
sofa
sofa
vaas
vază
afstandsbediening
telecomandă

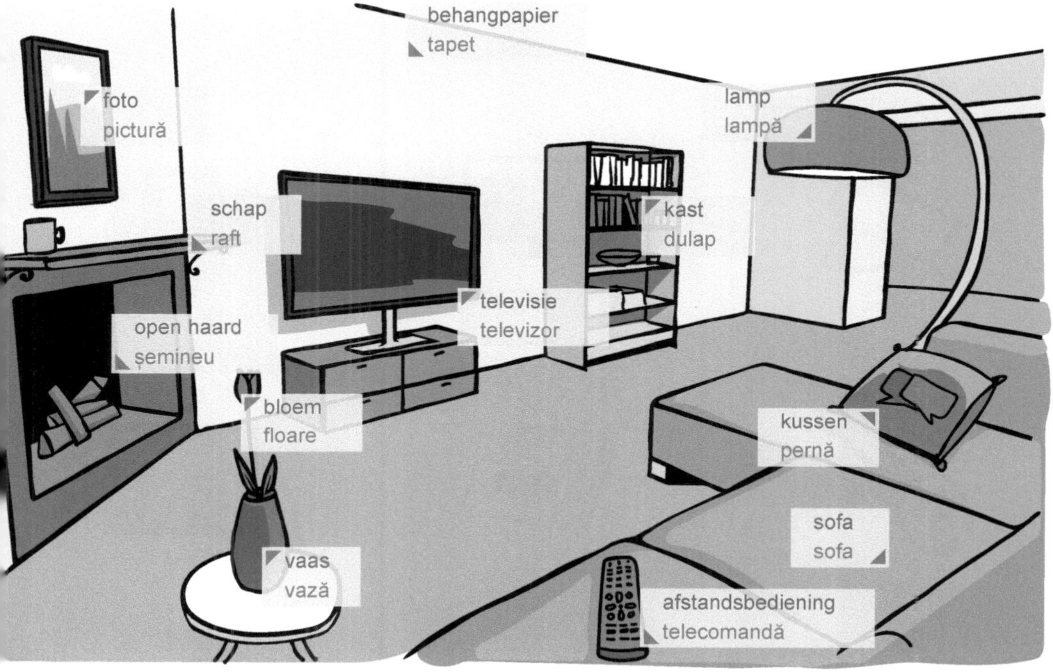

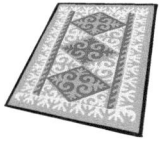

mat

covor

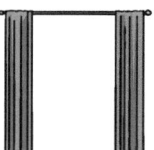

gordijn

perdea

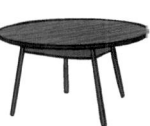

tafel

masă

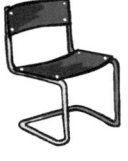

stoel

scaun

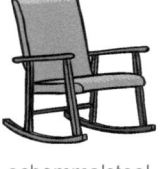

schommelstoel

balansoar

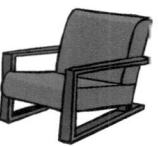

fauteuil

fotoliu

boek

carte

deken

pătură

decoratie

decoraţiune

brandhout

lemn de foc

film

film

stereo-installatie

instalaţie stereo

sleutel

cheie

krant

ziar

schilderij

desen

poster

poster

radio

radio

notitieboekje

caiet de notiţe

stofzuiger

aspirator

cactus

cactus

kaars

lumânare

keuken
bucătărie

koelkast
frigider
microgolfoven
cuptor cu microunde
keukenweegschaal
cântar de bucătărie
broodrooster
prăjitor de pâine
afwasmiddel
detergent
oven
cuptor
vriesvak
răcitor
vuilnisbak
coș de gunoi
vaatwasmachine
mașină de spălat vase

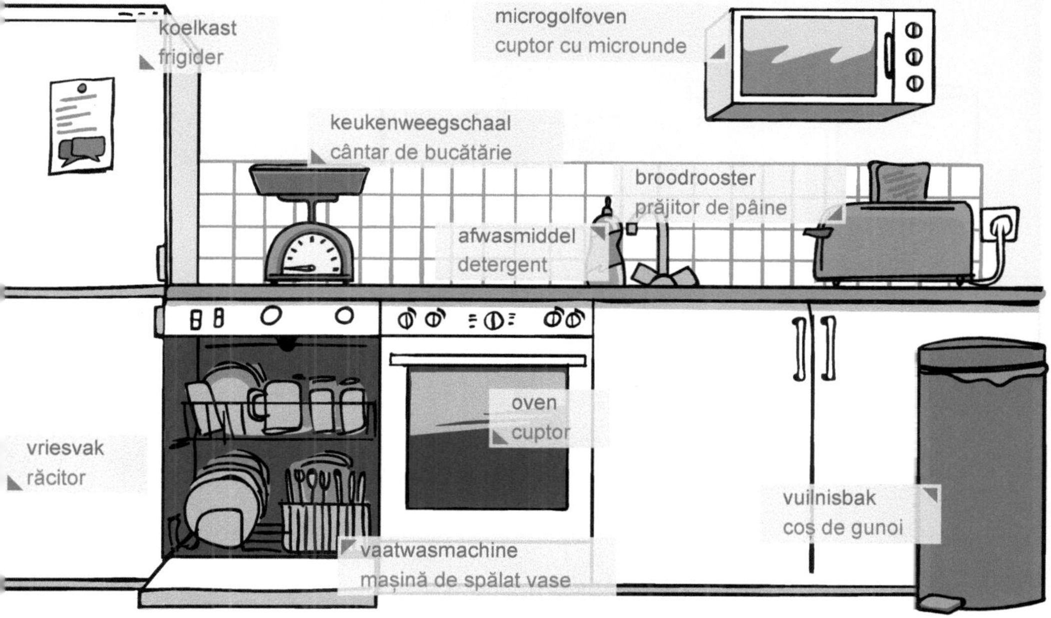

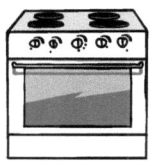

fornuis

cuptor

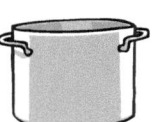

pot

oală

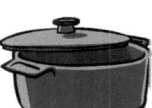

gietijzeren pot

oală de metal

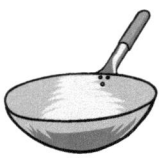

wok / kadai

wok/kadai

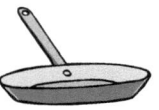

pan

tigaie

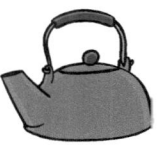

waterkoker

ceainic

stoomkoker

oală de gătit cu aburi

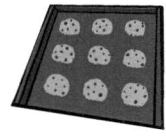

bakplaat

tavă de copt

servies

veselă

mok

pahar

kom

bol

eetstokjes

bețișoare

pollepel

polonic

spatel

spatulă

garde

tel

vergiet

sită

zeef

sită

rasp

răzătoare

mortier

mojar

barbecue

grătar

haardvuur

loc pentru grătar

snijplank

tocător

deegrol

sucitor

kurkentrekker

tirbușon

blik

conservă

blikopener

deschizător de conserve

pannenlap

șervete termice

gootsteen

chiuvetă

borstel

perie

spons

burete

blender

mixer

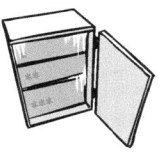

vriezer

ladă frigorifică

papfles

biberon

kraan

robinet

badkamer
baie

douche
duș
verwarming
încălzire
handdoek
prosop
douchegordijn
perdea de duș
bubbelbad
baie cu spumă
badkuip
cadă
glas
pahar
wasmachine
mașină de spălat
kraan
robinet
tegels
gresie
kinderpo
oală de noapte
gootsteen
chiuvetă

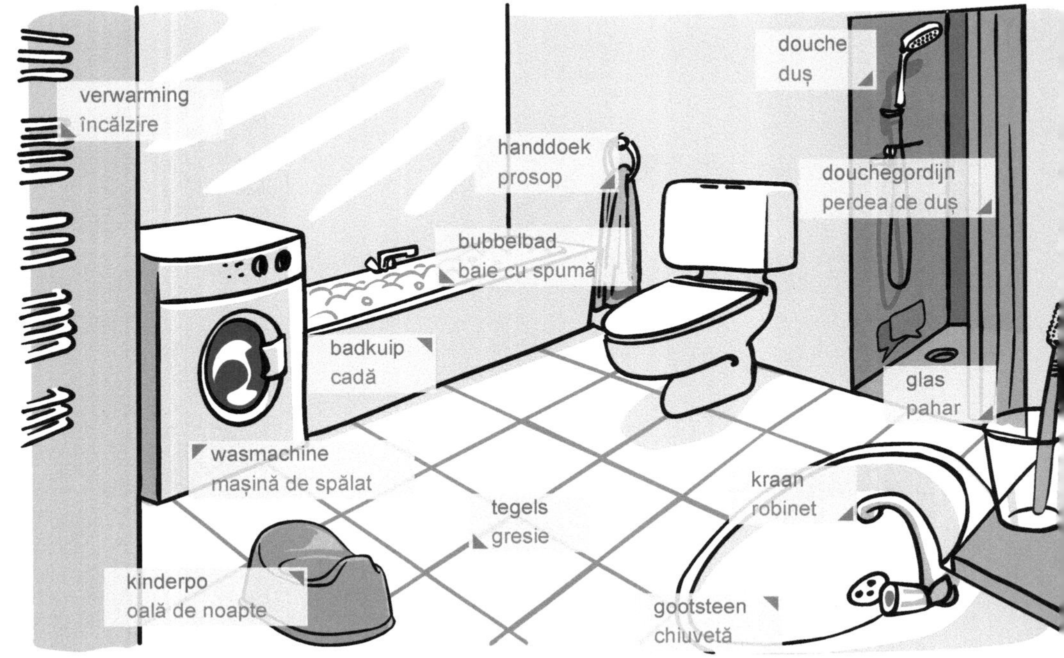

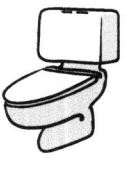

toilet

toaletă

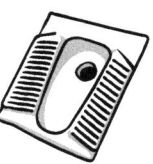

hurktoilet

toaletă turcescă

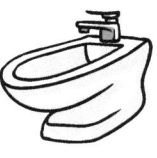

bidet

bideu

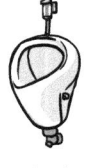

urinoir

pisoir

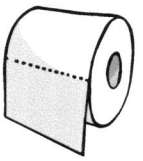

toiletpapier

hârtie igienică

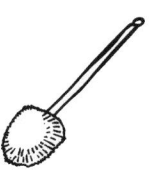

toiletborstel

perie de toaletă

tandenborstel

periuță de dinți

tandpasta

pastă de dinți

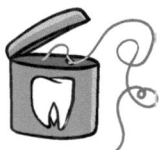

flosdraad

ață dentară

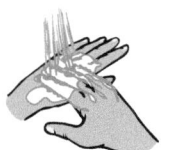

wassen

a spăla

handdouche

cap de duș

bidethanddouche

duș intim

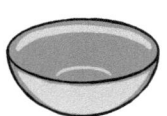

waskom

lavoar

rugborstel

perie pentru spate

zeep

săpun

douchegel

gel de duș

shampoo

șampon

washandje

cârpă de spălat

afvoer

scurgere

crème

cremă

deodorant

deodorant

spiegel

oglindă

handspiegel

oglindă cosmetică

scheermes

aparat de ras

scheerschuim

spumă de ras

aftershave

aftershave

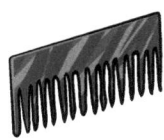

kam

pieptene

borstel

perie

haardroger

uscător de păr

haarlak

fixator

make-up

machiaj

lippenstift

ruj

nagellak

lac de unghii

watten

vată

nagelknipper

foarfece de unghii

parfum

parfum

toilettas

neseser

kruk

taburet

weegschaal

cântar

badjas

halat de baie

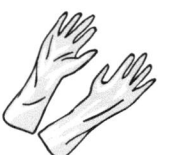

latex handschoenen

mănuşi de cauciuc

tampon

tampon

maandverband

tampon

chemisch toilet

toaletă chimică

kinderkamer
camera copiilor

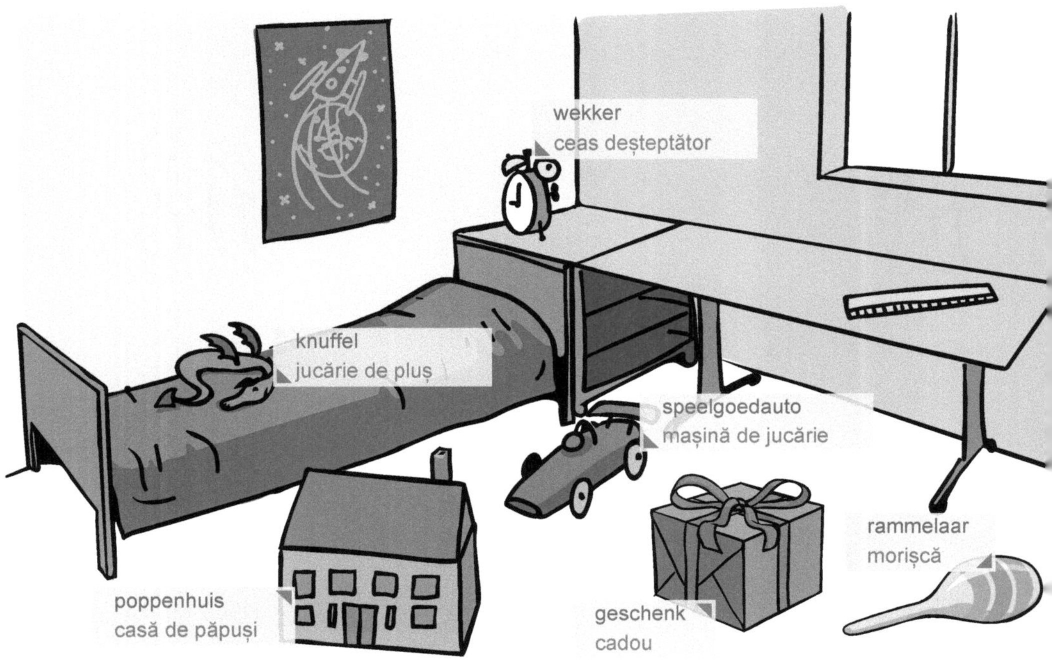
wekker
ceas deșteptător
knuffel
jucărie de pluș
speelgoedauto
mașină de jucărie
rammelaar
morișcă
poppenhuis
casă de păpuși
geschenk
cadou

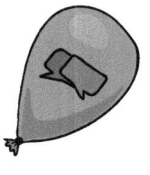

ballon
balon

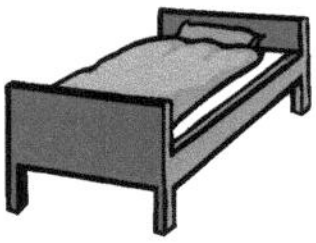

bed
pat

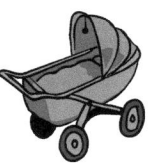

kinderwagen
cărucior de copii

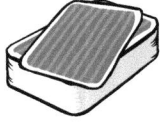

spel kaarten
joc de cărți

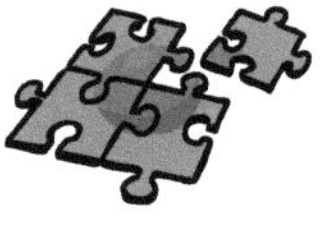

puzzel
puzzle

SUPER
MEGA

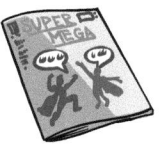

stripboek
revistă de benzi desenate

legoblokjes

cuburi lego

blokken

piese pentru construcţii

actiefiguur

personaj din filmele de acţiune

kruippakje

body

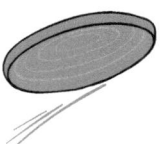

frisbee

frisbee

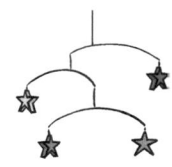

mobiel

mobil

bordspel

joc de societate

dobbelsteen

zar

modelspoorweg

set trenuleţ de jucărie

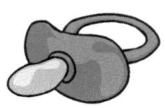

fopspeen

suzetă

feest

petrecere

prentenboek

carte cu poze

bal

minge

pop

păpuşă

spelen

a se juca

zandbak

groapă de nisip

schommel

leagăn

speelgoed

jucării

spelconsole

consolă video

driewieler

tricicletă

knuffelbeer

ursuleț

kleerkast

dulap

kleding
îmbrăcăminte

sokken

șosete

kousen

ciorapi

maillot

dres

sjaal
șal

riem
curea

paraplu
umbrelă

T-shirt
tricou

sneakers
pantofi sport

laarzen
cizme

slippers
papuci

sandalen
sandale

schoenen
încălțăminte

rubberlaarzen
cizme de cauciuc

onderbroek
chilot

beha
sutien

onderhemd
maiou

lichaam

body

broek

pantaloni

jeans

blugi

rok

fustă

blouse

bluză

hemd

cămașă

trui

pulover

capuchontrui

jerseu

blazer

sacou

jas

jachetă

jas

palton

regenjas

pelerină de ploaie

kostuum

costum

jurk

rochie

trouwjurk

rochie de mireasă

pak
costum

nachthemd
cămașă de noapte

pyjama
pijama

sari
sari

hoofddoek
batic

tulband
turban

boerka
burka

kaftan
caftan

abaya
abaya

badpak
costum de baie

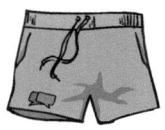

zwembroek
șort

short
pantaloni scurți

trainingspak
trening

schort
șorț

handschoenen
mănuși

knoop

nasture

bril

ochelari

armband

brățară

ketting

lanț

ring

inel

oorbel

cercel

pet

căciulă

kapstok

umeraș

hoed

pălărie

das

cravată

rits

fermoar

helm

cască

bretellen

bretele

schooluniform

uniformă școlară

uniform

uniformă

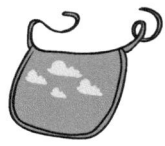

slabbetje

bavețică

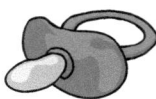

fopspeen

suzetă

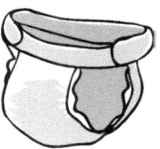

luier

scutec

kantoor
birou

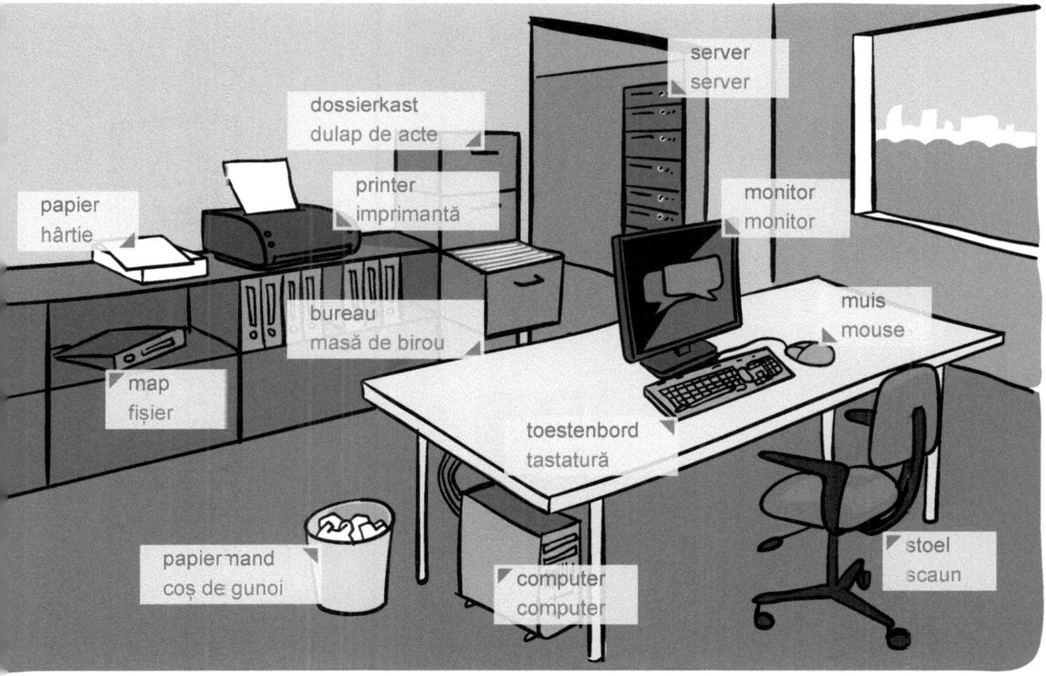

server
server
dossierkast
dulap de acte
printer
imprimantă
papier
hârtie
monitor
monitor
muis
mouse
bureau
masă de birou
map
fișier
toestenbord
tastatură
papiermand
coș de gunoi
stoel
scaun
computer
computer

koffiemok

ceașcă de cafea

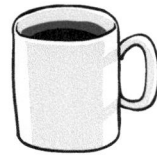

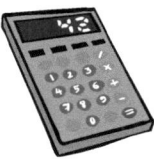

rekenmachine

calculator

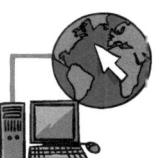

internet

internet

laptop

laptop

brief

scrisoare

bericht

mesaj

gsm

telefon mobil

netwerk

rețea

kopieerapparaat

copiator

software

software

telefoon

telefon

stopcontact

priză

fax

fax

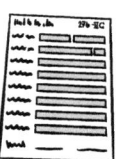

formulier

formular

document

document

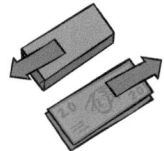

kopen

a cumpăra

betalen

a plăti

handelen

a face comerț

geld

bani

USD

dollar

Dolar

EUR

euro

Euro

JPY

yen

Yen

RUB

roebel

Rublă

CHF

Zwitserse frank

Franc Elvețian

CNY

Chinese renminbi

renminbi yuan

INR

roepie

Rupie

geldautomaat

bancomat

wisselkantoor

casă de schimb valutar

goud

aur

zilver

argint

olie

petrol

energie

energie

prijs

preț

contract

contract

belasting

impozit

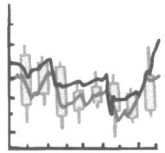

aandeel

acțiune

werken

a munci

werknemer

angajat

werkgever

angajator

fabriek

fabrică

winkel

magazin

beroepen
ocupații

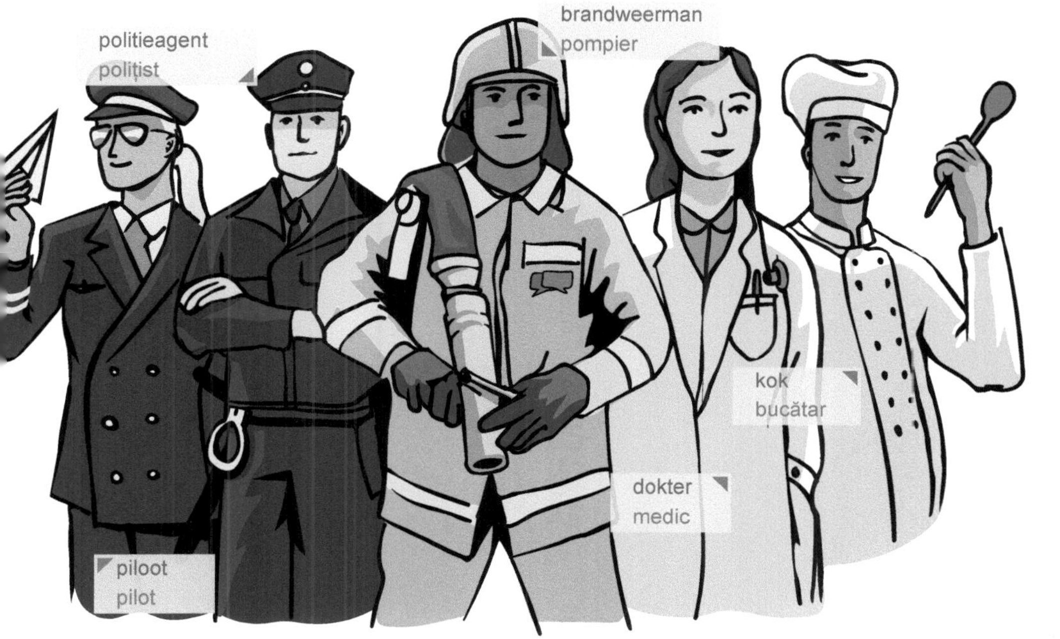

politieagent
poliţist
brandweerman
pompier
kok
bucătar
dokter
medic
piloot
pilot

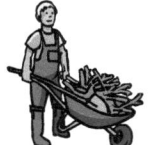

tuinman

grădinar

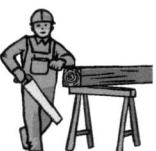

timmerman

tâmplar

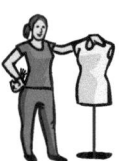

naaister

cusătoreasă

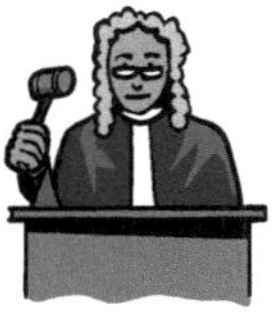

rechter

judecător

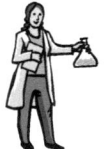

chemicus

chimist

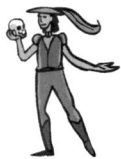

acteur

actor

buschauffeur

șofer de autobuz

taxichauffeur

șofer de taxi

visser

pescar

schoonmaakster

femeie de serviciu

dakdekker

tinichigiu

ober

chelnăr

jager

vânător

schilder

pictor

bakker

brutar

elektricien

electrician

bouwvakker

muncitor în construcții

ingenieur

inginer

slager

măcelar

loodgieter

instalator

postbode

poștaș

soldaat

soldat

architect

arhitect

kassier

casier

bloemist

florar

kapper

frizer

conducteur

controlor

mecanicien

mecanic

kapitein

căpitan

tandarts

stomatolog

wetenschapper

om de știință

rabbijn

rabin

imam

imam

monnik

călugăr

geestelijke

preot

werktuigen
instrumente

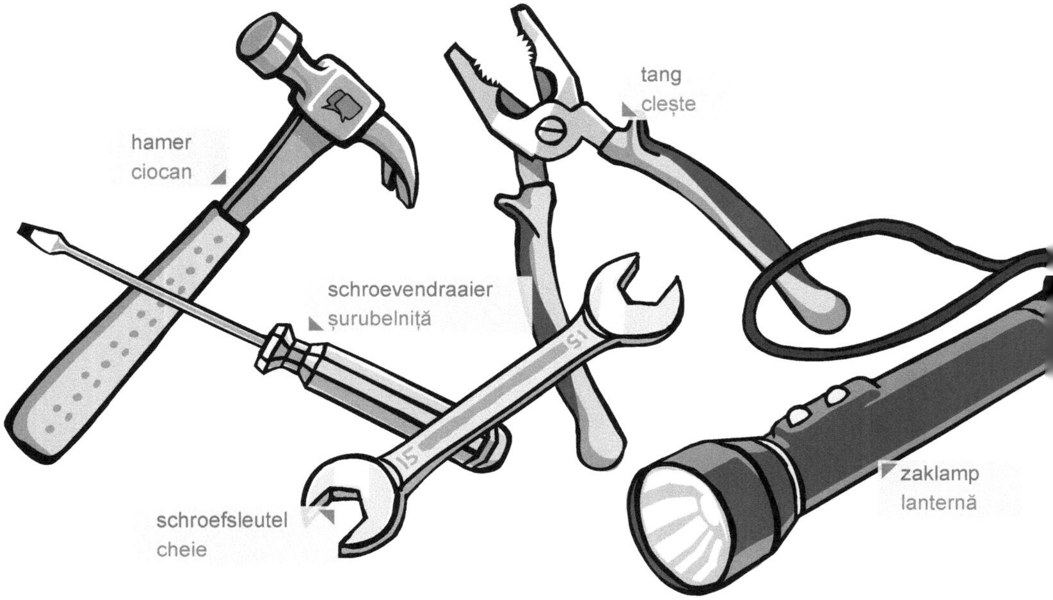
hamer
ciocan
tang
clește
schroevendraaier
șurubelniță
schroefsleutel
cheie
zaklamp
lanternă

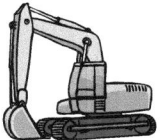

graafmachine

excavator

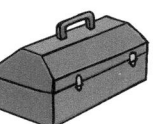

gereedschapskoffer

cutie de scule

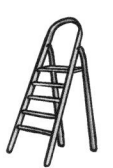

ladder

scară

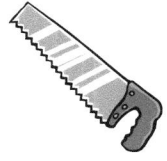

zaag

ferăstrău

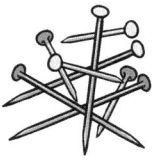

spijkers

cuie

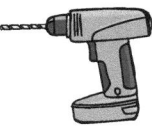

boormachine

burghiu

repareren

a repara

schop

lopată

Verdomme!

La naiba!

blik

făraș

verfpot

vas pentru vopsea

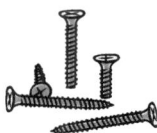

schroeven

șuruburi

muziekinstrumenten
instrumente muzicale

luidspreker
difuzor

drumstel
set tobe

gitaar
chitară

contrabas
contrabas

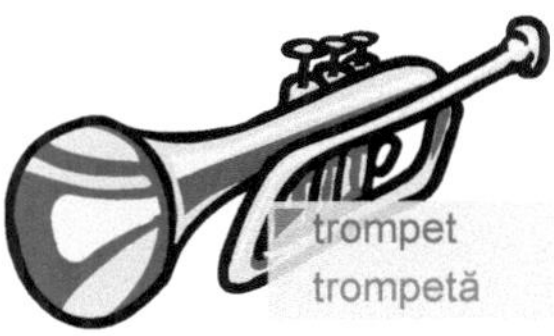

trompet
trompetă

piano
pian

viool
vioară

basgitaar
bas

pauk
trombon

trommels
tobă

keyboard
keyboard

saxofoon
saxofon

fluit
fluier

microfoon
microfon

zoo

grădină zoologică

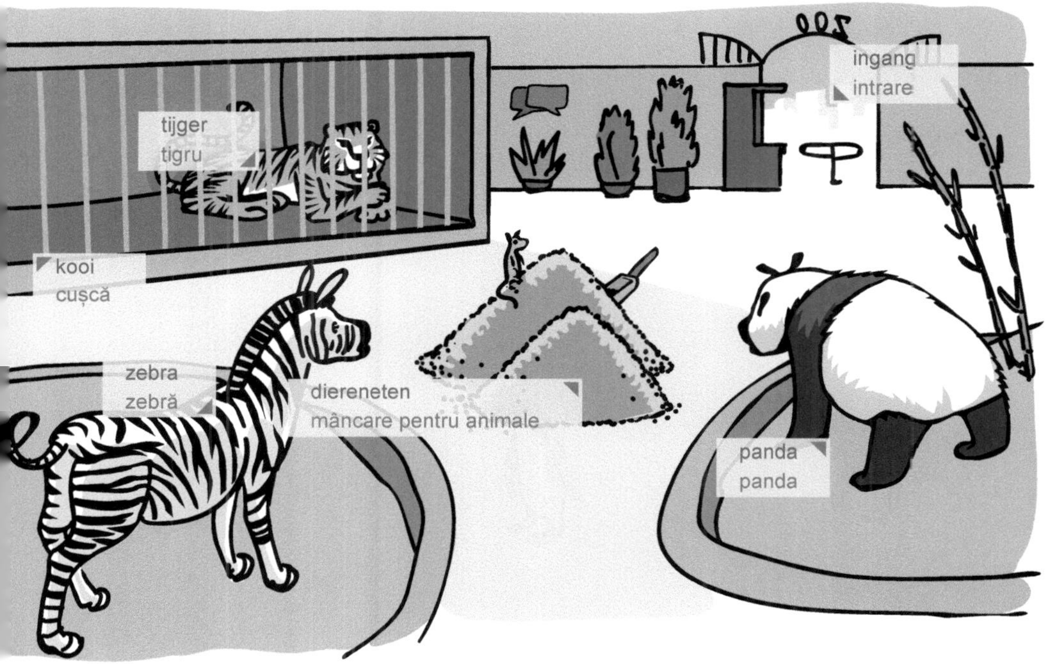

tijger
tigru
ingang
intrare
kooi
cușcă
zebra
zebră
diereneten
mâncare pentru animale
panda
panda

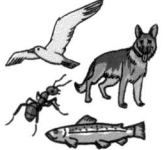

dieren

animale

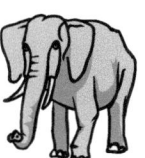

olifant

elefant

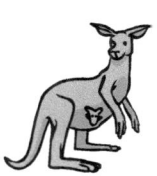

kangoeroe

cangur

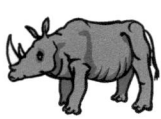

neushoorn

rinocer

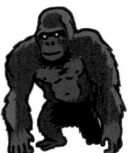

gorilla

gorilă

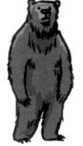

beer

urs

kameel

cămilă

struisvogel

struț

leeuw

leu

aap

maimuță

flamingo

flamingo

papegaai

papagal

ijsbeer

urs polar

pinguïn

pinguin

haai

rechin

pauw

păun

slang

șarpe

krokodil

crocodil

dierenverzorger

îngrijitor grădina zoologică

zeehond

focă

jaguar

jaguar

zoo - grădină zoologică

pony
ponei

luipaard
leopard

nijlpaard
hipopotam

giraffe
girafă

adelaar
acvilă

wild zwijn
porc mistreț

vis
pește

zeeschildpad
broască țestoasă

walrus
morsă

vos
vulpe

gazelle
gazelă

rugby
fotbal american

wielrennen
ciclism

tennis
tenis

basketbal
basketball

zwemmen
înot

boksen
box

ijshockey
hockey pe gheață

voetbal
fotbal

badminton
badminton

atletiek
atletism

handbal
handbal

skiën
schi

polo
polo

activiteiten
activități

springen
a sări
knuffelen
a îmbrățișa
lachen
a râde
wandelen
a merge
zingen
a cânta
dromen
a visa
bidden
a se ruga
kussen
a săruta

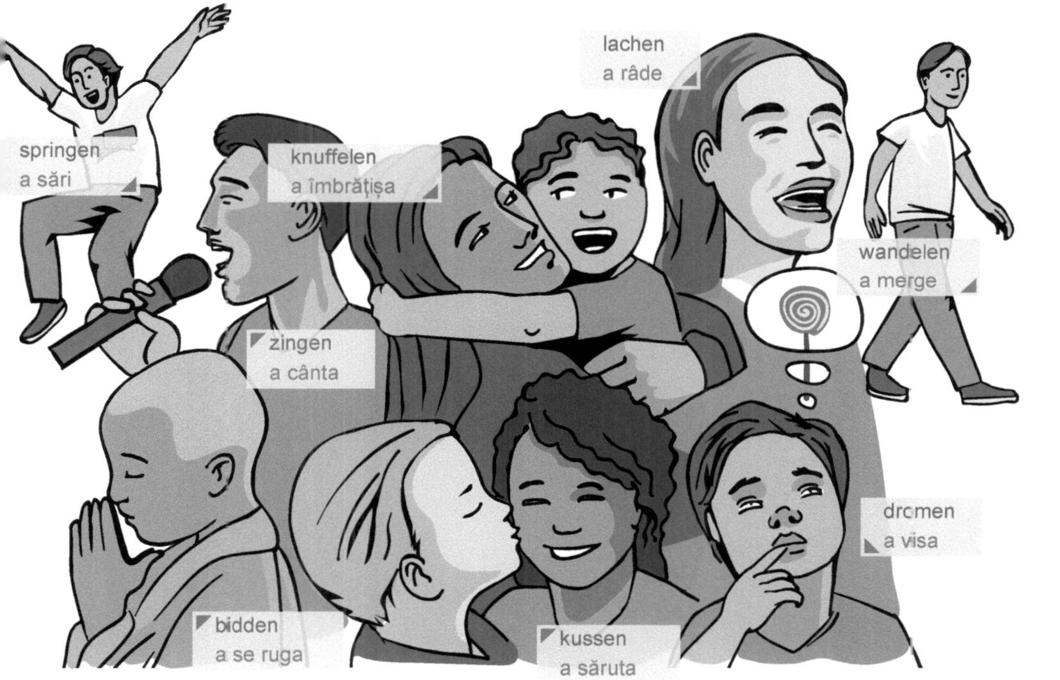

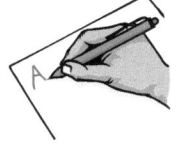

schrijven

a scrie

tekenen

a desena

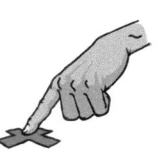

tonen

a arăta

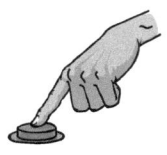

duwen

a împinge

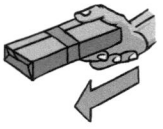

geven

a da

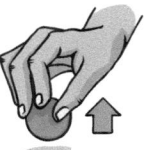

nemen

a lua

hebben

a avea

doen

a face

zijn

a fi

staan

a sta în picioare

lopen

a fugi

trekken

a trage

gooien

a arunca

vallen

a cădea

liggen

a sta întins

wachten

a aștepta

dragen

a purta

zitten

a ședea

aankleden

a se îmbrăca

slapen

a dormi

ontwaken

a se trezi

kijken naar

a privi

wenen

a plânge

aaien

a mângâia

kammen

a se pieptăna

praten

a vorbi

begrijpen

a înțelege

vragen

a întreba

luisteren

a asculta

drinken

a bea

eten

a mânca

opruimen

a face ordine

houden van

a iubi

koken

a găti

rijden

a conduce

vliegen

a zbura

zeilen

a naviga

rekenen

a calcula

Lezen

a citi

leren

a învăța

werken

a munci

trouwen

a se căsători

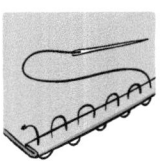

naaien

a coase

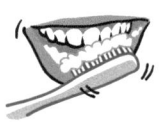

tandenpoetsen

a se spăla pe dinți

doden

a ucide

roken

a fuma

sturen

a trimite

grootmoeder
bunică

grootvader
bunic

vader
tată

moeder
mamă

baby
bebeluș

dochter
soră

zoon
fiu

gast

oaspete

tante

mătușă

oom

unchi

broer

frate

zus

soră

lichaam
corp

voorhoofd
frunte
oog
ochi
schouder
umăr
vinger
deget
gezicht
față
kin
bărbie
hand
mână
been
picior
borst
piept
arm
braț

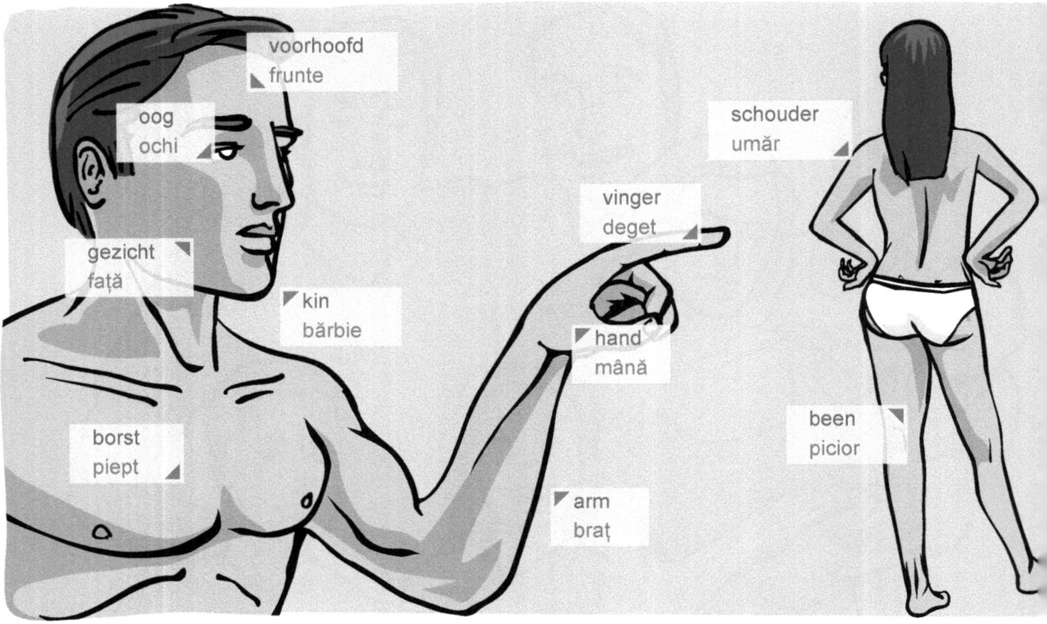

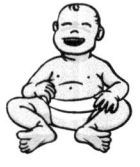

baby
bebeluș

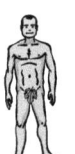

man
bărbat

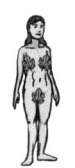

vrouw
femeie

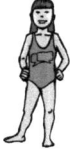

meisje
fată

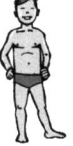

jongen
băiat

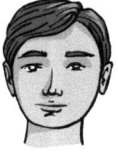

hoofd
cap

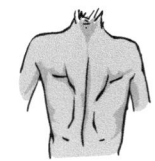

rug
spate

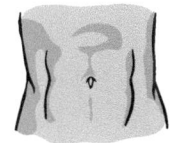

buik
abdomen

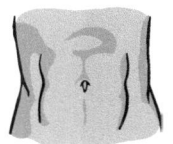

navel
ombilic

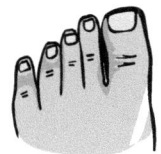

teen
deget de la picior

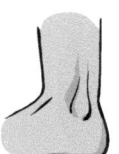

hiel
călcâi

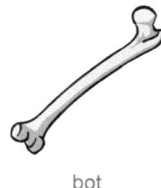

bot
os

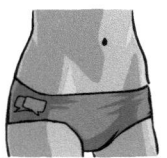

heup
șold

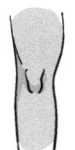

knie
genunchi

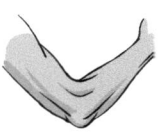

elleboog
cot

neus
nas

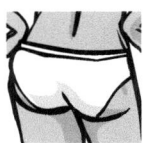

zitvlak
fund

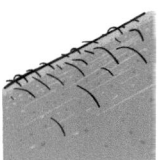

huid
piele

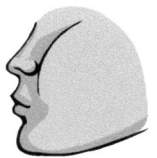

wang
obraz

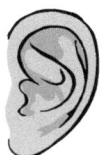

oor
ureche

lip
buză

mond
gură

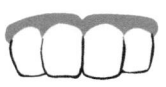

tand
dinte

tong
limbă

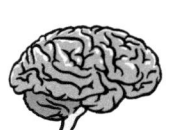

hersenen
creier

hart
inimă

spier
mușchi

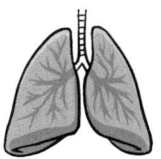

long
plămân

lever
ficat

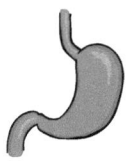

maag
stomac

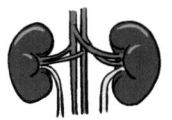

nieren
rinichi

seks
sex

condoom
prezervativ

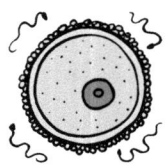

eicel
ovul

sperma
spermă

zwangerschap
sarcină

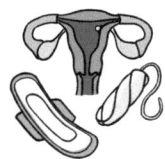

menstruatie
menstruație

vagina
vagin

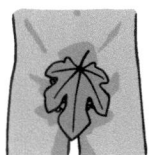

penis
penis

wenkbrauw
sprânceană

haar
păr

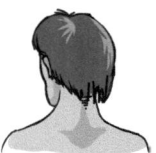

nek
gât

ziekenhuis
spital

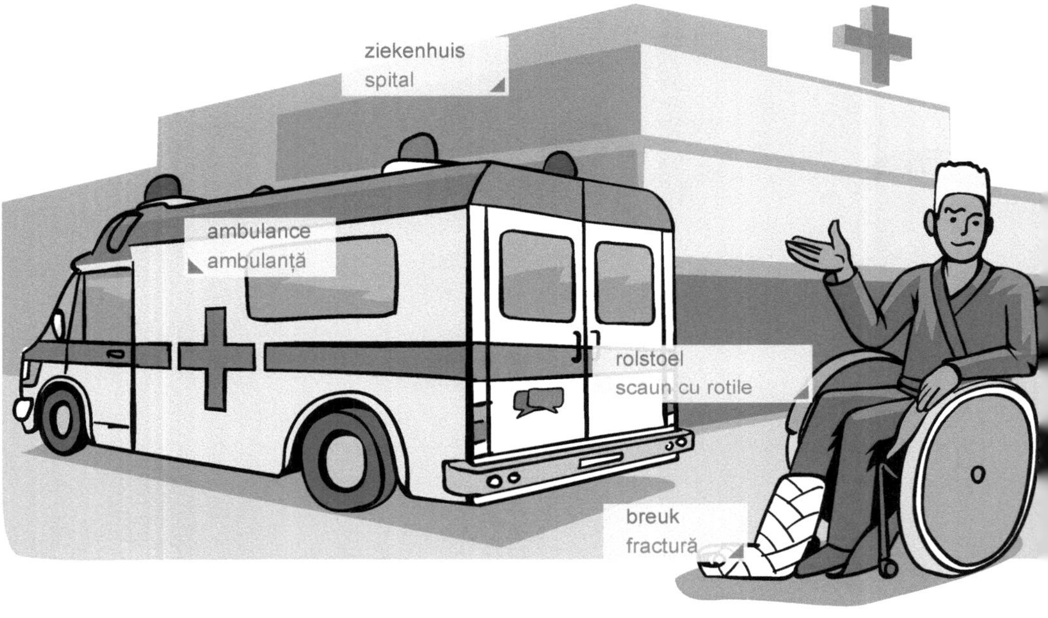

ziekenhuis
spital
ambulance
ambulanță
rolstoel
scaun cu rotile
breuk
fractură

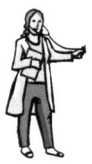

dokter

medic

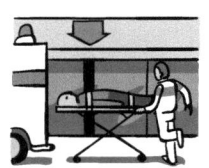

spoed

unitate de primiri urgențe

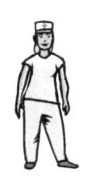

verpleegkundige

soră medicală

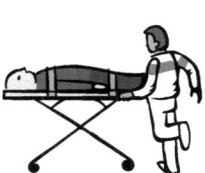

noodgeval

urgență

bewusteloos

inconștient

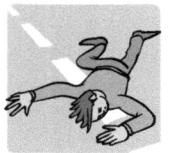

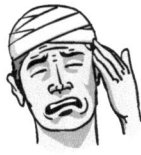

pijn

durere

verwonding

leziune

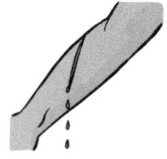

bloeding

sângerare

hartaanval

infarct miocardic

beroerte

atac cerebral

allergie

alergie

hoest

tuse

koorts

febră

griep

gripă

diarree

diaree

hoofdpijn

durere de cap

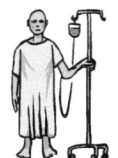

kanker

cancer

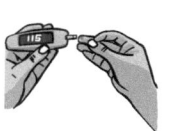

diabetes

diabet

chirurg

chirurg

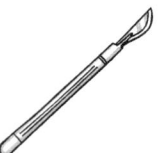

scalpel

scalpel

operatie

operație

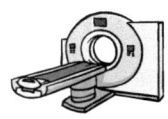

CT
CT

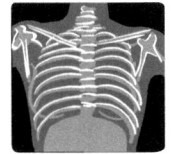

röntgenstraal
raze Röntgen

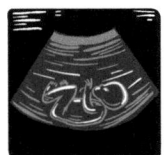

ultrageluid
ultrasunet

gezichtsmasker
mască

ziekte
boală

wachtkamer
sală de așteptare

kruk
cârjă

pleister
plasture

verband
bandaj

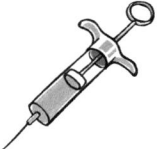

injectie
injecție

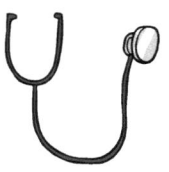

stethoscoop
stetoscop

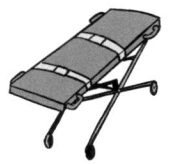

brancard
targă

thermometer
termometru

geboorte
naștere

overgewicht
supraponderabilitate

hoorapparaat

aparat auditiv

ontsmettingsmiddel

dezinfectant

infectie

infecţie

virus

virus

HIV / AIDS

HIV/SIDA

medicijn

medicină

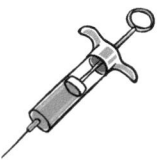

vaccinatie

vaccin

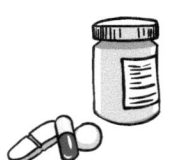

tabletten

tablete

pil

pastilă

noodoproep

apel de urgenţă

bloeddrukmeter

aparat de măsurare a
presiunii arteriale

ziek / gezond

bolnav/sănătos

Help!
Ajutor!

alarm
alarmă

overval
agresiune

aanval
atac

gevaar
pericol

nooduitgang
ieșire de urgență

Brand!
Foc!

brandblusser
extinctor

ongeval
accident

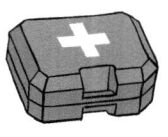

EHBO-kit
trusă de prim-ajutor

SOS
SOS

politie
poliție

Europa

Europa

Noord-Amerika

America de Nord

Zuid-Amerika

America de Sud

Afrika

Africa

Azië

Asia

Australië

Australia

Atlantische Oceaan

Altantic

Stille Oceaan

Pacific

Indische Oceaar

Oceanul Indian

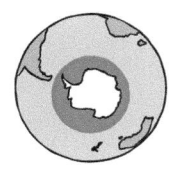

Antarctische Oceaan

Oceanul Antarctic

Arctische Oceaan

Oceanul Arctic

Noordpool

Polul Nord

Zuidpool
Polul Sud

Antarctica
Antarctica

aarde
pământ

land
țară

zee
mare

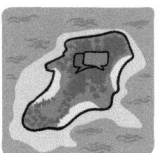

eiland
insulă

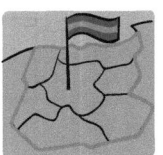

natie
națiune

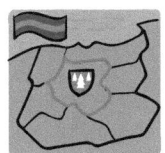

staat
stat

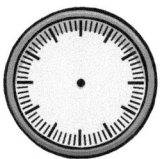

wijzerplaat
cadran

uurwijzer
orar

minuutwijzer
minutar

secondewijzer
secundar

Hoe laat is het?
Cât e ceasul?

dag
zi

tijd
timp

nu
acum

digitale horloge
cead digital

minuut
minut

uur
oră

week

săptămână

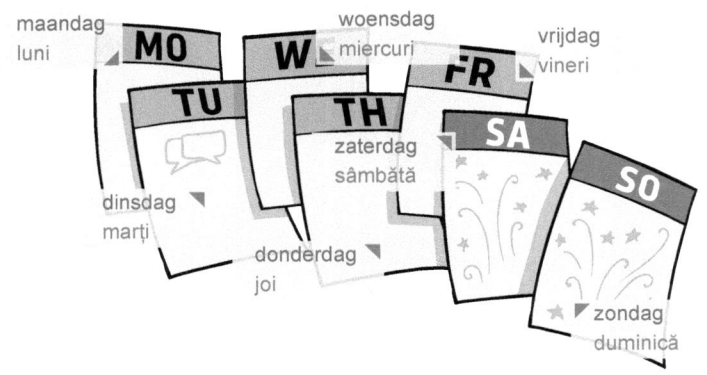

maandag / luni
woensdag / miercuri
vrijdag / vineri
dinsdag / marți
donderdag / joi
zaterdag / sâmbătă
zondag / duminică

gisteren
ieri

vandaag
azi

morgen
mâine

ochtend
dimineață

middag
amiază

avond
seară

MO	TU	WE	TH	FR	SA	SU
1	2	3	4	5	6	7
8	9	10	11	12	13	14
15	16	17	18	19	20	21
22	23	24	25	26	27	28
29	30	31	1	2	3	4

werkdagen
zile lucrătoare

MO	TU	WE	TH	FR	SA	SU
1	2	3	4	5	6	7
8	9	10	11	12	13	14
15	16	17	18	19	20	21
22	23	24	25	26	27	28
29	30	31	1	2	3	4

weekend
week-end

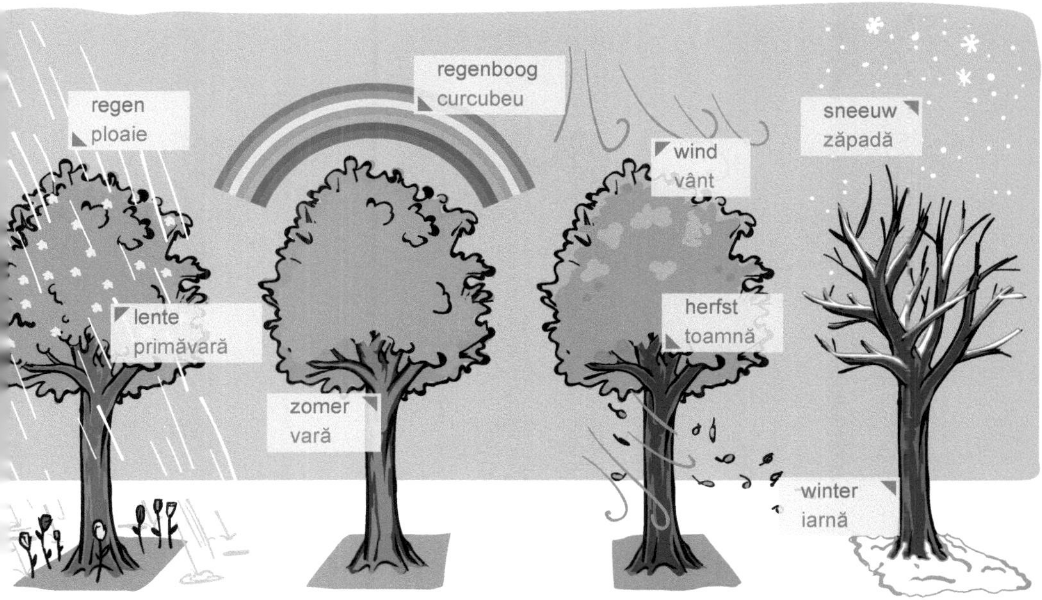

regen
ploaie

regenboog
curcubeu

wind
vânt

sneeuw
zăpadă

lente
primăvară

herfst
toamnă

zomer
vară

winter
iarnă

4.APRIL	11°	☀
5.APRIL	4°	⛅
6.APRIL	13°	🌧
7.APRIL	8°	❄
8.APRIL	10°	☀

weervoorspelling

prognoză meteo

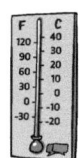

thermometer

termometru

zonneschijn

lumina soarelui

wolk

nor

mist

ceață

vochtigheid

umiditate a aerului

bliksem

fulger

donder

tunet

storm

furtună

hagel

grindină

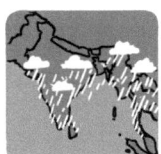

moesson

muson

overstroming

inundație

ijs

gheață

januari

ianuarie

februari

februarie

maart

martie

april

aprilie

mei

mai

juni

iunie

juli

iulie

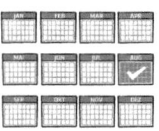

augustus

august

jaar - an

september
septembrie

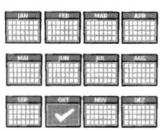

oktober
octombrie

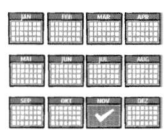

november
noiembrie

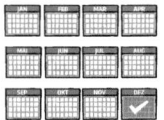

december
decembrie

vormen
forme

cirkel
cerc

kwadraat
pătrat

rechthoek
dreptunghi

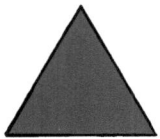

driehoek
triunghi

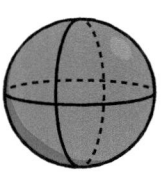

bol
sferă

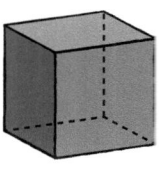

kubus
cub

kleuren
culori

wit

alb

geel

galben

oranje

portocaliu

roze

roz

rood

roșu

paars

violet

blauw

albastru

groen

verde

bruin

maro

grijs

gri

zwart

negru

veel / weinig

mult/puțin

boos / kalm

furios/calm

mooi / lelijk

frumos/urât

begin / einde

început/sfârșit

groot / klein

mare/mic

licht / donker

luminos/întunecat

broer / zus

frate/soră

proper / vuil

curat/murdar

volledig / onvolledig

complet/incomplet

dag / nacht

zi/noapte

dood / levend

mort/viu

breed / smal

lat/strâmt

eetbaar / oneetbaar

comestibil/necomestibil

kwaadaardig / vriendelijk

rău/prietenos

opgewonden / verveeld

emoţionat/plictisit

dik / dun

gras/slab

eerst / laatst

primul/ultimul

vriend / vijand

prieten/inamic

vol / leeg

plin/gol

hard / zacht

tare/moale

zwaar / licht

greu/uşor

honger / dorst

foame/sete

ziek / gezond

bolnav/sănătos

illegaal / legaal

ilegal/legal

intelligent / dom

inteligent/stupid

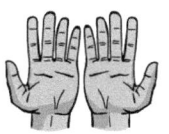

links / rechts

stânga/drepta

dichtbij / veraf

aproape/departe

tegengestelden - antonime

nieuw / gebruikt

nou/uzat

niets / iets

nimic/ceva

oud / jong

bătrân/tânăr

aan / uit

pornit/oprit

open / dicht

deschis/închis

stil / luid

încet/tare

rijk / arm

bogat/sărac

juist / fout

corect/fals

ruw / glad

aspru/neted

droevig / blij

trist/fericit

kort / lang

lung/scurt

traag / snel

încet/repede

nat / droog

ud/uscat

warm / koud

cald/rece

oorlog / vrede

război/pace

0

nul

zero

1

één

unu

2

twee

doi

3

drie

trei

4

vier

patru

5

vijf

cinci

6

zes

șase

7

zeven

șapte

8

acht

opt

9

negen

nouă

10

tien

zece

11

elf

unsprezece

12

twaalf

douăsprezece

13

dertien

treisprezece

14

veertien

paisprezece

15

vijftien

cincisprezece

16

zestien

șaisprezece

17

zeventien

șaptesprezece

18

achtien

optsprezece

19

negentien

nouăsprezece

20

twintig

douăzeci

100

honderd

o sută

1.000

duizend

o mie

1.000.000

miljoen

un milion

Engels

engleză

Amerikaans Engels

engleză americană

Chinees (Mandarijn)

chineza mandarină

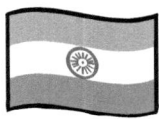

Hindi

hindi

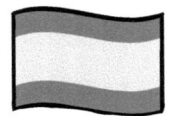

Spaans

spaniolă

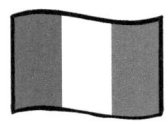

Frans

franceză

Arabisch

arabă

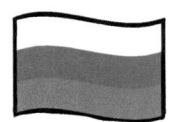

Russisch

rusă

Portugees

protugheză

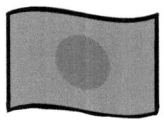

Bengali

bengaleză

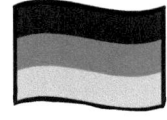

Duits

germană

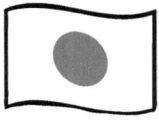

Japans

japoneză

ik
eu

u
tu

hij / zij / het
el/ea

wij
noi

u
voi

ze
ea

wie?
cine?

wat?
ce?

hoe?
cum?

waar?
unde?

wanneer?
când?

naam
nume

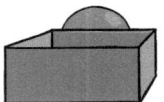

achter

în spate

in

în

voor

înainte

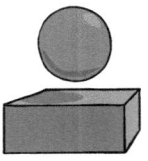

boven

peste

op

pe

onder

sub

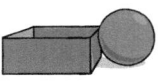

naast

lângă

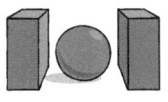

tussen

între

plaats

loc